THÈSE

POUR

LA LICENCE

Des Gognets (L.M.)

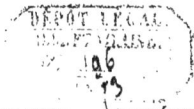

UNIVERSITÉ DE FRANCE. — ACADÉMIE DE RENNES.

FACULTÉ DE DROIT.

THÈSE POUR LA LICENCE

JUS ROMANUM..... De servitutibus prædiorum rusticorum (Dig., liv. VIII, tit. 3 ; Inst., liv. II, tit. 7, 5, 2, 3).

DROIT FRANÇAIS... Des servitudes légales de vues, de passage et d'extraction des matériaux pour l'exécution des travaux publics (Code civ., art. 675-680, 682-685 ; arrêts du Conseil, 22 juin 1706, 7 septembre 1755, 20 mars 1780 ; loi du 28 pluviôse an VIII, art. 4, § 4 ; loi du 16 septembre 1807, art. 55 ; loi du 21 mai 1836, art. 17 ; décret du 8 février 1868).

Cette Thèse sera soutenue le lundi 24 novembre 1873,

A DEUX HEURES DU SOIR,

Par M. DES COGNETS (Louis-Marie),

Né à Saint-Quay-Portrieux, le 29 janvier 1853.

EXAMINATEURS :

MM. DURAND, GAVOUYÈRE, professeurs ; DE CAQUERAY, GUÉRARD, agrégés.

RENNES

TYP. CH. OBERTHUR ET FILS, IMPRIMEURS DE L'ACADÉMIE.

1873

A LA MÉMOIRE DE MON PÈRE.

A MA MÈRE.

A MES FRÈRES ET SŒURS.

A MES PARENTS.

A MES AMIS.

JUS ROMANUM.

De servitutibus prædiorum rusticorum.

(Dig., liv. VIII, tit. 3; Inst., liv. II, tit. 9, 5, 2, 3.)

PROŒMIUM.

Servitus est jus rei alienæ impositum quo quis aliquid pati aut non facere cogitur. Apud antiquos diu disputatum fuit an partes plenæ proprietatis servitutes essent. Et valde miror quod tam longa de ea re fuerit disputatio. Etenim si Titius vicino suo in proprium fundum jus utendi dederit, eo ipso dominium Titii minuetur.

Quod si cognoscere voluerimus cur illæ dominii partes vocarentur servitutes, oportebit nos memores esse hujus causæ qua captivi in civitatem Romam, bello finito, deducti, appellarentur servi. Et quemadmodum plena proprietas debet esse libera, ita, si jus aliquod in ea impositum fuerit, serva dicitur.

Et de servitutum utilitate frustra loqueremur. Quas enim romanum jus comprobavit, easdem pene omnes et nostræ leges servarunt.

Multæ divisiones sunt servitutum. Etenim quædam causales, quædam formales dicuntur. Aliæ quidem personales, sicut ususfructus, usus, habitatio, operæ servorum, emphyteuticarium jus et superficies, aliæ autem *in re sicut iter, actus, via, aquæductus* et aliæ multæ quæ ad rustica aut urbana prædia pertinentes in Pandectis facile reperiuntur.

Nos vero hanc vastam materiam restringentes, de solis servitutibus quæ
ad rustica prædia spectant, loquemur.

CAPUT PRIMUM.

Quæ sunt servitutes rusticæ?

Servitutes prædiorum ex eo appellantur quoniam sine prædiis constitui
non possunt. Nemo enim potest servitutem prædii acquirere, nisi qui habet
prædium. Hæc autem prædiorum jura in duas partes dividuntur : et novam
servitutum divisionem invenimus.

Alia enim urbana, alia vero rustica appellantur. Quæ inter se haud
minime differunt et præcipuas differentias tantummodo citabimus. Urbanæ
servitutes sunt res nec mancipi, rusticæ vero inter res mancipi numerantur.
Jus rustici prædii, si dominus fundi dominantis per legale tempus non
utatur, illico tollitur : urbani vero prædii jus non prius non utendo exstin-
guitur quam prædii dominus servientis aliquid contra servitutem quam
patitur, faciat. Et quum eæ differentiæ gravissimæ sint, haud parvi refert
ut exponamus modum quo servitutes urbanæ a rusticis distinguantur. Nec
propter ea, opus est quærendi an fundus dominans, vel serviens ædificium
sit : oportet autem urbanam vocare servitutem quæ sine ædificio intelligi non
potest, rusticam vero quæ, etiam ædificio deficiente, solet constitui.

Ex servitutibus quæ in prædiis rusticis imponi possunt, quatuor jura invenimus antiquissima quæ in Digestis notantur. Hæc sunt, si Ulpiano cre-
ditur : iter, actus, via, aquæductus. Iter est jus eundi, ambulandi homini,
non etiam jumentum agendi (Dig., lib. VIII, tit. III, § 1ᵉʳ). Et primum
dicamus hanc ex quatuor servitutibus quas enumeravimus esse minimam.
Is autem qui eo jure fruitur, per fundum alienum servientem aut pedes aut
eques commeare potest.

Actus est jus agendi vel jumentum, vel vehiculum. Quæ servitus jure
itineris latior est. Nam ex Digestis cognoscimus illius qui iter habet, actum
non esse : ejus vero qui actum possidet et jus itineris esse etiam sine jumento.
Ea saltem, contraria stipulatione omissa, erat actus amplitudo. Sin autem
fundi servientis dominus, antequam actum in suum fundum concessisset,

stipulatus fuerat quod servitutis dominus suo jure tantummodo frueretur, quum jumentum vel vehiculum duceret, non dubito quin ea restrictio valeat.

Via est jus eundi et agendi et ambulandi : nam et iter et actum in se via continet. Hæc servitus omnium quæ ad facultatem per fundum alienum eundi pertinent gravissima est.

Dominus enim hujus juris commeare poterat hasta recta, id est, ei licebat impedire quin fundi servientis dominus arborum ramos in altum jungeret.

Quin imo viæ latitudo in lege Duodecim Tabularum scribitur. Ex eo enim documento cognoscimus viam in porrectum octo pedes habere, in anfractum, id est, ubi flexum est, sexdecim. Hæ servitutes pertinent ad facultatem eundi et agendi per fundum servientem, in commodum fundi cui servitus debetur.

Aliud autem est jus rusticum quod, propter agrorum utilitatem apud Romanos vigebat, hoc est aquæductus. Hanc servitutem Justinianus secundum Ulpianum in secundo Institutorum suorum libro ita definivit : « Aquæductus est jus aquæ ducendæ per fundum alienum. »

Quod si huic longæ servitutum prædiorum rusticorum enumerationi finem imponere cupiamus, adhuc notabimus aquæ haustum, pecoris ad aquam adpulsum, jus pascendi, calcis coquendæ, arenæ fodiendæ. De quibus singulis breviter loquamur. Inter aquæductum cui studuimus et aquæ haustum pene nulla est differentia nisi ea quam Paulus his ipsis verbis satis ostendit : « Publico loco interveniente vel via publica, haustus servitus imponi potest, aquæductus non potest : a Principe autem peti solet ut per viam publicam aquam ducere sine incommodo publico liceat. »

Pecoris pascendi servitutis, item ad aquam appellendi nulla in Digestis invenitur definitio. Nec dicere quæ essent necessarium erat. Hæc jura, si prædii fructus maxime in pecore consistat, prædii magis quam personæ videntur. Si tamen testator personam demonstravit cui servitutem præstari voluit, emptori vel heredi non eadem præstabitur servitus (Papinien, Dig., liv. VIII, tit. III, § 4).

Jurisprudentes romani admittunt quoque jus calcis coquendæ, cretæ detrahendæ, lapidis eximendi et arenæ fodiendæ, ædificandi ejus gratia quod in fundo est, quatenus ad ipsum fundum opus sit. Has servitutes non confundendas cum usufructu Paulus diligentissime monet : « Item longe recedit ab usufructu jus calcis coquendæ et lapidis eximendi et arenæ fodiendæ, ædificandi ejus gratia quod in fundo est : item sylvæ cæduæ, ut pedamenta in vineas non desint (Paul., Dig., liv. VIII, tit. III, § 6). »

CAPUT SECUNDUM.

Quæ sunt, ut servitutes prædiales valeant, necessaria?

Scimus prædiales servitutes in duas partes dividi supraque diximus quid signum sit quod urbana a rusticis juribus distinguit. Notavimus quæ sint inter ea præcipuæ differentiæ : nunc monituri sumus quæ regulæ sint communes utrique servitutum speciei.

Et primum dicendum est duos fundos, ad quamlibet servitutem constituendam, omnino necessarios esse. Quorum enim unus fundus serviens, alter autem ad utilitatem aut amœnitatem cujus constituitur servitus, dominans vocatur. At vix dicendi opus est quemque fundum duorum dominorum esse debere. Etenim nemini res sua servit.

Ex servitute quamdam utilitatem aut amœnitatem dominus fundi dominantis debet accipere. Oportet hunc fundum cui constitutum est jus, majoris pretii, post servitutem acquisitam esse. Hæc plenam proprietatem auget, ita ut veteres romani jurisprudentes potuerint haud immerito dicere : « Quid aliud sunt jura prædiorum quam prædia qualiter se habentia ut bonitas, salubritas, amplitudo (Celse, livre 86). Cavendum vero est an uni personæ vel fundo jus utile sit. Etenim ut pomum decerpere liceat, ut spatiari, ut cœnare in alieno possimus, servitus imponi non potest.

Servitus tamen valebit si quid ex ea fundo utile est, quamvis dominus ipse nullo modo fruatur veluti si cæcus jus prospectus domui suæ obtinuit. Non autem dubitandum est quin jus aliquod, propter cujusdam personæ utilitatem statutum perficiatur : id autem inter prædiales servitutes non numerabitur.

Omnes quoque prædiorum servitutes perpetuas causas habere debent : et ideo neque ex lacu neque ex stagno concedi aquæductus potest (Paul, Dig.. liv. VIII, tit. II, loi 28).

Quomodo igitur definitur causa perpetua ? Id est naturalis et constans locorum status in quo servitus, etiam sine domini fundi servientis labore exercetur, et præsens usus futuro usui non est impedimento.

Hæc vero conditio quæ in principio, ut servitus valeret, necessaria fuit, breviter abrogata est. Rescripsit enim pius Antoninus aquæ haustum ex stagno constitui posse.

Et fragmentum Sententiarum Pauli in Digestis insertum nosmetipsos docet servitutes aquæductus vel haustus magnopere extensas fuisse. Legimus enim : « Servitus aquæducendæ vel hauriendæ, nisi ex capite vel ex fonte constitui non potest : hodie tamen ex quocumque loco constitui solet (Paul, Dig., liv. VIII, tit. III, § 9).

Duo fundi debent quoque esse vicini. Hæc autem conditio lato sensu intelligenda est. Nec enim necessarium est prædia contigua esse : dum ita confinia sint ut aliquid utile ex servitute in serviente fundo imposita dominus fundi dominantis percipiat.

Aliam quoque quamdam servitutibus inhærentem qualitatem notare debemus, scilicet quod divisionem non accipiunt. Et nos bene docet Pomponius dicens : « Viæ, itineris, actus, aquæductus pars in obligationem deduci non potest : quia usus eorum indivisus est et ideo si stipulator decesserit, pluribus heredibus relictis, singuli solidam viam petunt et si promissor decesserit, pluribus heredibus relictis, à singulis heredibus solida petitio est. » (Pomp., Dig., liv. VIII, tit. I, loi 17). Item Modestinus : « Pro parte dominii servitutem adquiri non posse vulgo traditur. Et ideo si quis fundum habens viam stipuletur et partem fundi sui postea alienet, corrumpit stipulationem in eum casum deducendo, a quo stipulatio incipere non possit. Pro parte quoque neque legari neque adimi via potest, et, si id factum est, neque legatum, neque ademptio valet (Modestin., Dig., liv. VIII, tit. Ier, loi 11).

Quod si vero de commodis quæ ex servitutibus nascuntur, agatur, eadem non est accipienda regula. Servitus enim, verbi gratia, hauriendæ aquæ, ex omnium sententia, divisibilem præbet utilitatem.

Nec de indivisibili servitutum natura consecutorium est ut, quadam confusione post jus constitutum interveniente, eædem servitutes pro parte non possint exerceri. Legimus enim apud Paulum : « Si prædium tuum mihi serviat, sive ego partis prædii tui dominus esse cœpero, sive tu mei, per partes servitus retinetur, licet ab initio per partes acquiri non poterit » (Paul, Dig., lib. VIII, tit. I, loi 8).

CAPUT TERTIUM.

De servitutibus Constituendis.

In tres partes hoc caput dividetur : 1° de rebus in quas servitutes constitui possunt, loquemur; 2° de constituendarum servitutum modis; 3° an dies, conditio, modusve, in constituendis juribus prædiorum, adjici possit, quæremus.

I.

De rebus in quas servitutes rusticæ possunt constitui ?

Res solæ quæ nostrum intra patrimonium sunt servitutibus prædiorum onerari possunt. Et id facillime intelligitur. Nam prædiorum jura, ut superiore loco diximus, plenæ proprietatis partes haud immerito putantur et scimus nullas alias res, nisi quæ intra nostrum patrimonium sunt, nostro dominio posse subjici.

Si vero, ad constituendam servitutem, necesse est ut fundus serviens in nostri patrimonii rebus connumeretur, parvi refert utrum fundus dominans ad eamdem rerum divisionem pertineat, necne. Quod probant hæc Pauli verba in Digestis inserta : « Servitus itineris ad sepulcrum, privati juris manet: et ideo remitti domino fundi servientis (potest) : et adquiri etiam post religionem sepulcri hæc servitus potest » (Paul, Dig., lib. VIII, tit. I, loi 14, § 1).

Res cui servit et quæ rusticam servitutem patitur debent esse fundi. Nullum enim jus prædiale inter mobilia constitui potest.

Servitutes quoque in solas res mancipi imponi poterant. Unde consecutorium est ut italici fundi eis juribus soli onerarentur. Postea vero provinciales areæ, ad omnium utilitatem, servitutes acceperunt quas jus civile nunquam ratas habuit.

Nec intelligemus eam servitutem quæ esset in re incorporali constituta, perinde quasi homo cui servitutem hauriendæ aquæ pertinet, in hanc suam servitutem jus aliquod ad alius fundi utilitatem imponat.

Scimus enim servitutem servitutis esse nunquam potuisse.

II.

De constituendarum servitutum modis.

Servitutes semper constituuntur translatione aut deductione. Translatio autem dicitur hic servitutem constituendi modus quo vicino meo jus prædiale in meum fundum concedo. Deductio vero est, si, uno ex duobus fundis vendito, alteri in eum quem trado servitutem stipulor.

Præterea dicuntur servitutes aut inter vivos, aut mortis causa constitui. Et unum prædialia jura mortis causa acquirendi modum cognoscimus id est testamentum, sive mihi testator faciat legatum per fundum heredis eundi aut aquam ducendi, sive, in aream quam mihi testamento præbet, servitutem ad alterius fundi utilitatem imponat.

Et in priore specie, ut facile perspici potest, translatio est, in posteriore vero, deductio.

Quod si nostrum animum ad modos servitutum inter vivos constituendarum nunc intendamus, multo numerosiores invenimus. Ad autem vitandam confusionem, jus civile a prætorio distinguamus.

A. — *De servitutum translatione.*

Jure civili, tres modi sunt quibus servitutes rusticæ imponuntur.

1° Mancipatione id est imaginaria venditione. Hanc ita definivit Ulpianus : « Mancipatio propria species alienationis est et rerum mancipi : eaque fit certis verbis, libripende et quinque testibus præsentibus (Ulpiani Fragmenta, tit. XIX, § 3). Nec oblivisci debemus quod solæ servitutes rusticæ hoc modo acquirantur, quum inter res mancipi, ut supra diximus, numerentur.

2° In jure cessione id est imaginaria lite. Quæ a mancipatione, inter alias multas differentias, eo differt quod ad omnes constituendas servitutes aut rusticas aut urbanas possit adhiberi. Scripsit enim idem Ulpianus : « In jure cessio quoque communis alienatio est, et mancipi rerum et nec mancipi, quæ fit per tres personas in jure cedentis, vindicantis, addicentis (Ulpiani Fragmenta, tit. XIX, § 9) . »

3° Adjudicatione id est judicis sententia. Si vero scire capiamus quando

judex hanc auctoritatem haberet, Ulpianus adhuc respondet : « Adjudicatione
dominia nanciscimur per formulam familiæ erciscundæ quæ locum habet
inter cohæredes et per formulam finium regundorum quæ est inter vicinos
(Ulpiani Fragmenta, tit. XIX, § 16). Itaque, in actionibus communi di-
vidundo et familiæ erciscundæ sæpe judex, quum prædia divideret, servitutem vel viæ, vel alius generis alteri ad utilitatem alterius fundi impo-
nebat. Erat autem necessarium judicium legitimum esse.

Monituri etiam sumus servitutes, sub antiquo jure, usucapione vel quadam
quasi possessione perlonga acquiri potuisse. Eam usucapionem sustulit lex
Scribonia quæ servitutem constituebat.

Jure prætorio tres servitutum imponendarum modi sunt.

Quasi traditione id est fictiva traditione. Traditio plane et patientia
servitutum inducet prætoris officium (Dig., liv. VIII, tit. III, loi 1, § 2).
Agnovit etiam prætor, ad servitutes constituendas longi temporis possessionem. Et disputatum fuit an etiam ad rusticas servitutes hic acquirendi
modus pertineret. Et dicimus has ipsas servitutes hac longi temporis possessione posse constitui.

Ex adjudicatione, de qua supra locuti sumus, prædialia jura nascebantur,
quum esset judicium imperio continens.

Imperatore Justiniano, servitutes imponebantur quasi traditione, licet vi-
derentur pactis et stipulationibus solis posse constitui, secundum ea verba
quæ in Institutis legimus : « Si quis velit vicino aliquod jus constituere,
pactis atque stipulationibus id efficere debet » (Inst., liv. II, tit. 3. § 4);
præscriptione quæ decem aut viginti annis est; adjudicatione quam cognoscimus; legatis cujuscumque generis sint. Nam antiquas legatorum divisiones
Justinianus abrogavit.

B. — De servitutum deductione.

Hic eamdem quam jam secuti sumus adhibebimus divisionem.

Jure civili, servitutes eisdem modis deductione constituuntur quibus et
dominium transfertur.

Jure prætorio, servitus traditione deducitur his tribus modis :

Si quis duas ædes habeat et alteras tradat, potest legem traditioni dicere :
ut vel istæ, quæ non traduntur, servæ sint his quæ traduntur; vel contra
ut traditæ retentis ædibus serviant : parvique referet vicinæ sint ambæ ædes,

an non (Dig., liv. VIII, tit. IV, loi 6, Pr.). Hæc autem ad urbanas servitutes attinere videntur. Eisdem vero regulis utuntur etiam prædia rustica. Addit enim Ulpianus : « Idem erit et in prædiis rusticis, nam et si quis duos fundos habeat, alium alii potest servum facere, tradendo. » (Dig., liv. VIII, tit. IV, loi 6, Pr.)

Sub autem trino casu, inter Ulpianum et Pomponium nascitur controversia. Dicit enim Ulpianus : « Duas autem ædes simul tradendo non potest efficere (tradens) alteras alteris servas; quia neque adquirere alienis ædibus servitutem, neque imponere potest (Dig., tit. IV, loi 6, Pr. *in fine).* E contrario, Pomponius ita suam sententiam expromit : « Si cum duas haberem insulas duobus eodem momento tradidero, videndum est an servitus alterutris imposita valeat : quia alienis quidem ædibus, nec imponi, nec adquiri servitus potest : sed, ante traditionem peractam, suis magis adquirit vel imponit is qui tradit, ideoque valebit servitus (Pomponius, Dig., liv. VIII, tit. IV, loi 8).

Et ego hanc ulteriorem sententiam haud invitus sequor.

Jure quod, regnante Justiniano, viguit, iisdem modis dedecuntur servitutes quibus proprietas transfertur.

III.

An dies, conditio, modus ve in constituendis servitutibus adjici possit?

Quodcumque jus prædiale, cum pars plenæ proprietatis sit, perpetuum est; itaque neque ex tempore, aut ad certum tempus, aut sub conditione potest constitui. Dicit enim Papinianus : « Servitutes ipso quidem jure neque ex tempore, neque ad tempus, neque sub conditione, neque ad certam conditionem (v. g., quamdiu volam) constitui possunt : sed tamen, si hæc adjiciantur, pacti vel per doli exceptionem occurretur, contra placita servitutem vendicanti : idque et Sabinum respondisse Cassius retulit, et sibi placere.

Quod si prædialia jura sub tempore, aut ad certum tempus, aut sub conditione non possunt constitui, nihil impedit quin modus, in imponenda servitute, adjiciatur. Scripsit enim idem Papinianus : « Modum adjici servitutibus posse constat : veluti quo genere vehiculi agatur (vel non) agatur, veluti ut equo duntaxat, vel ut certum pondus vehatur, vel grex ille transducatur, aut carbo portetur. Intervalla dierum aut horarum, non ad temporis causam, sed ad modum pertinent jure constitutæ servitutis (Dig., liv. VIII, tit. I, loi 4, Pr., §§ 1 et 2).

CAPUT QUARTUM.

Quibus modis servitutes amittuntur.

Exstinguuntur servitutes interitu rei sive fundus serviens sive cui servit, pereat. Hanc vero regulam æquitas restrixit : Si locus per quem via aut iter aut actus debebatur, impetu fluminis occupatus esset, et intra tempus quod ad amittendam servitutem sufficit, alluvione facta restitutus est, servitus quoque in pristinum statum restituitur. Quod si id tempus præterierit, ut servitus amittatur, renovare eam cogendus est (Javol., Dig., liv. VIII, tit VI, loi 14, Pr.).

Amittuntur etiam prædiales servitutes si utriusque fundi idem dominus fiat. Hic exstinctionis modus dicitur confusio. Apud Gaium enim legimus : « Servitutes prædiorum confunduntur, si idem utriusque prædii dominus esse cœperit. » (Gaius, Dig., liv. VIII, tit. VI, loi 1).

Et hanc prædialium jurum omissionem haud difficile intelligemus si hujus præcepti quod in superiore loco scripsimus, adhuc memores simus : hoc est nemini suam rem servire.

Morituri autem sumus confusionem tantummodo effici, quum eadem persona dominium utriusque fundi in solidum acquirat. Ex quadam enim regularum quibus de conditionibus servitutibus necessariis tractando studuimus, sequitur ut jura prædialia per partes retineri possint. Nec opus est illustrissimi jurisprudentis Pauli verba de ea specie iterum citandi.

Quod si duo fundi, postquam sub dominio unius aliquando fuerint, iterum dividuntur, servitus non reviviscet ipso jure : patrisfamilias enim destinatio modus servitutes acquirendi aut renovandi in jure romano non accipitur.

Si quoque illius jus qui servitutem constituit, resolutum fuerit, ipsa servitus peribit : amisso vero jura illius qui eam acquisivit, servitus permanet. Scimus enim prædialia jure, non ad unius personæ, verum etiam fundi dominantis utilitatem constituta fuisse. Unde sequitur ut idem cui dominium est servitutes cum fundo acquirat.

Hæc fuit Marcelli sententia : « Hæres, cum legatus esset fundus sub conditione imposuit ei servitutes, exstinguuntur si legati conditio existat. Videamus an adquisitæ sequantur legatarium? Et magis dicendum est ut sequantur. » (Dig., liv. VIII, tit. VI, loi 11, § 1.)

Addamus vero hoc esse necessarium ut jus ipsius qui servitutem constituit, ex antiqua et necessaria causa resolutum fuerit.

Deinde, si dominus fundi cui servitus debetur jus suum remiserit, servitus quoque exstinguetur.

Hæc remissio duobus modis, vel tacite, vel expresse fieri potest.

Hanc dicimus esse remissionem tacitam si quid, domino dominantis fundi permittente, fiat quo servitutis usus impediatur : expressam vero appellamus quæ fit cessione in jure. Nam quemadmodum volenti servitutem quamdam acquirere actio confessoria prodest, ita qui cupit fundum suum liberare, negatoria actione de qua infra locuturi sumus, utitur.

Denique qui suo jure biennio usus non est, servitutem amisisse videtur. Hoc tempus, Justiniano imperatore, ad extinguendas servitutes non sufficit : sed spatium decem annorum inter præsentes, viginti vero annorum inter absentes statutum fuit.

Et nunc memores esse debemus cujusdam differentiæ quam inter urbanas et rusticas servitutes esse jam diximus scilicet quod jura prædialia rustica, si dominus fundi dominantis per legale tempus non utatur, illico tolluntur, urbana vero non prius possunt non utendo exstingui quam prædii qui servit dominus aliquid contra servitutem fecerit. Si dominus servitutis suo jure aliter fruitus fuerit quam ei concessum fuerat, non impediet quin servitus non utendo amittatur.

Si is qui nocturnam aquam habet, interdiu per constitutum ad amissionem tempus usus fuerit, amisit nocturnam servitutem qua usus non est. Idem est in eo, qui certis horis aquæductum habens, aliis usus fuerit nec ulla parte earum horarum (Paul, liv. VIII, tit. VI, loi 10, § 1). Parvi vero refert ut ipse cui servitus debetur, an alia persona, ea servitute utatur.

Usu retinetur servitus cum ipse cui debetur, utitur quive in possessionem ejus est, aut mercenarius, aut hospes, aut medicus, quive ad visitandum dominum venit, vel colonus aut fructuarius (Dig., liv. VIII, tit. VI, loi 20).

Jure prætorio, etiam amittitur servitus si dies cessit aut conditio exstitit.

CAPUT QUINTUM.

De actionibus quæ ad rusticas servitutes pertinent.

Nunc de actionibus, quæ rusticas servitutes tuebantur, paucissimis verbis disseramus. Quæ aut ex jure civili aut ex prætorio nascebantur. Ad autem jus civile pertinebat actio confessoria, qua quis jus prædiale in vicino fundo suum esse prætendebat. Item de negatoria qua fundi dominus servientis utebatur probaturus servitutem in suum fundum immerito exercitam esse.

Ad autem honorarium jus attinebant actiones vel interdicta quæ servitutibus defendendis prætor edicto comparaverat.

Publicianam in rem et in factum actionem, ad servandas servitutes quarum natura est ne usucapiantur prætor constituit. Quæ actio protegebat illas servitutes quas bona fide a non domino aliquis obtinuerat.

Prætor quoque utilem confessoriam actionem dabat et reo credendi qui fundum cui servitus debebatur habebat in pignore, superficiarioque et ei qui vectigalem agrum tenebat.

Prætor servitutum quasi possessionem iisdem interdictis quibus rerum possessionem tuebatur. Utilia tunc interdicta dicebantur. Inter ea ad rusticas servitutes pertinentia quædam sunt antiquissima. Citabimus tantummodo : interdictum de itinere actuque privato, de itinere reficiendo, de aqua quotidiana, vel æstiva, de fonte.

DROIT FRANÇAIS.

Des servitudes légales de vues, de passage et d'extraction des matériaux pour l'exécution des travaux publics

(Code civ., art. 675-680, 682-685; arrêts du Conseil, 22 juin 1706, 7 septembre 1755, 20 mars 1780; loi du 28 pluviôse an VIII, art. 4, § 4; loi du 16 septembre 1807, art. 55; loi du 21 mai 1836, art. 17; décret du 8 février 1868).

NOTIONS GÉNÉRALES SUR LES SERVITUDES.

L'art. 544 du Code civil définit ainsi le droit de propriété : « *La propriété est le droit de jouir et de disposer des choses de la manière la plus absolue, pourvu qu'on n'en fasse pas un usage prohibé par les lois ou par les réglements* ». C'est de tous les droits que nous puissions avoir sur une chose, le plus étendu, le plus illimité. Il établit pour celui qui en jouit un droit de souveraineté sur la chose qui en fait l'objet. Mais ce pouvoir, qui par sa nature est indéfini, peut être et est effectivement limité quand une loi spéciale ou un réglement formel vient y imposer certaines restrictions.

Aussi bien, pour ne citer que quelques exemples, le propriétaire qui, en principe, peut disposer quand il le veut et de la façon qu'il l'entend de sa chose, est contraint de l'abandonner, moyennant une préalable indemnité, quand la nécessité ou seulement l'utilité publique l'exige (loi du 3 mai 1841).

Aux termes de l'art. 661 du Code civil, quand un propriétaire a bâti seul le mur qui sépare son héritage de celui du voisin, ce dernier peut s'en faire céder la mitoyenneté, même contre le gré du constructeur, sauf toutefois à l'indemniser. De même encore, la femme mariée, le mineur ou l'interdit, protégés contre leur faiblesse ou leur folie, doivent subir un régime restrictif qui les empêche de disposer de leurs biens (art. 903, 904, 905, 1124, etc.).

Enfin, l'Etat, le département, la commune, les établissements publics n'exercent leur droit de propriété que sous les conditions et les formes particulières auxquelles ils sont soumis.

Les Romains décomposaient ce droit en trois éléments : « *Dominium est jus utendi, fruendi, abutendique.* » Rien n'empêchait que ces trois éléments ne fussent séparés. Le titre de *Dominus* appartenait alors à celui qui conservait l'*abusus* et son droit était la *nuda proprietas*. Quant à ceux qui avaient acquis sur la chose l'*usus* et le *fructus*, on disait qu'ils avaient des servitudes personnelles, lesquelles étaient considérées comme des démembrements du droit de propriété.

Notre législateur français n'a pas admis cette théorie créée par les Romains et généralement acceptée. Au lieu de trois éléments, le Code n'en présente ici que deux. La propriété est pour lui le droit de jouir et de disposer. Il est vrai que dans notre législation française, il existe un droit d'une nature spéciale, qui porte le nom de droit d'usage ; mais ce droit n'est pas le *jus utendi* des Romains.

Le droit d'usufruit constitue une servitude personnelle, comme l'usage et l'habitation, dont nous n'avons pas à nous occuper ici.

Remarquons cependant que le Code ne parle jamais de servitudes personnelles : il s'occupe bien de l'usufruit, de l'usage, mais il ne leur donne jamais le nom de servitudes qu'il réserve exclusivement pour les services fonciers. Ceci tient à la crainte qu'ont eue les rédacteurs de rien laisser dans leur œuvre qui pût présenter l'ombre seulement des droits féodaux abolis par l'Assemblée constituante (nuit du 4 août 1789).

D'autres restrictions sont apportées au droit de propriété par les servitudes ou services fonciers. On appelle ainsi : *une charge imposée sur un héritage pour l'usage ou l'utilité d'un héritage appartenant à un autre propriétaire* (art. 637 du Code civil). Cette définition nous révèle deux caractères essentiels de la servitude foncière, qui la distinguent nettement des droits d'usufruit, d'usage et d'habitation :

1° Les droits d'usufruit et d'usage, établis au profit d'une personne déter-

minée, n'ont qu'une durée temporaire et s'éteignent par la mort du bénéfi-
ciaire : les services fonciers, au contraire, constitués sur un héritage pour
l'utilité d'un autre héritage, participent généralement des caractères de per-
pétuité des fonds eux-mêmes dont ils ne sont que des dépendances et des
qualités.

Ce premier caractère est une dérogation aux principes de notre droit moderne qui n'admet pas les démembrements perpétuels du droit de propriété.
La cause de cette exception réside évidemment dans l'immense utilité des
servitudes.

2° Les droits d'usufruit et d'usage peuvent être établis sur toute espèce
de biens meubles ou immeubles (art. 581) : au contraire, les servitudes
réelles ne peuvent être imposées que sur un héritage au profit d'un autre
héritage. Ce mot « héritage », employé par le Code, désigne ici tout immeuble par nature. Il dérive du mot *heres*, qui est un synonyme de *herus*,
propriétaire. Les fonds de terre et les bâtiments, en effet, qui composent la
masse des immeubles par nature sont les seuls biens qui aient une situation
fixe, qui soient susceptibles de contiguité permanente, ou plus généralement
de voisinage. Eux seuls constituent les différentes propriétés territoriales
entre lesquelles le sol est partagé et dont le législateur se propose d'orga-
niser et de réglementer les rapports.

Nous ne tracerons pas ici les différences profondes qui existent entre ces
droits créés par le Code et ceux qui étaient en vigueur à l'époque de la féoda-
lité. Il nous faudrait pour cela entrer dans des détails que ce travail ne
comporte pas et qui d'ailleurs sont plutôt la part de l'historien que du juris-
consulte. Qu'il nous suffise de dire que les rédacteurs du Code, écrivant la loi
à une époque où les esprits frémissaient encore au souvenir des assujettisse-
ments féodaux, ont mis tous leurs soins à éviter tout ce qui aurait pu rap-
peler l'ancien régime. Ainsi pouvons-nous comprendre la présence dans
notre Code de l'art. 638, complétement inutile, pour expliquer la nature des
servitudes, mais imposé au législateur par la nécessité de se défendre contre
tout soupçon de retour aux anciennes coutumes.

Le Code reconnaît aux servitudes foncières une triple origine. Elles dé-
rivent, dit l'art. 639, de la situation naturelle des lieux, ou des obligations
imposées par la loi, ou des conventions entre les propriétaires.

Divers auteurs ou, pour mieux dire, la plupart d'entre eux ont critiqué
cette division des servitudes en servitudes découlant de la situation des lieux

ou des obligations de la loi. Ils n'ont vu, entre les servitudes rangées dans l'une ou l'autre catégorie, aucune différence.

Je conviens que cette critique mérite quelque considération : on n'aperçoit pas, au premier abord, entre ces deux classes de servitudes, une différence sensible. D'où l'on serait tenté de conclure que cette division tripartite faite par le Code est inutile ou même dangereuse. Cependant, si nous observons fidèlement les faits, nous nous convaincrons aisément que les servitudes découlant de la situation naturelle des lieux sont de droit naturel, qu'elles existent dans toutes les législations, qu'elles ne peuvent pas ne pas être; en un mot, qu'elles sont comme écrites sur le sol par la main de Dieu : qu'au contraire, les servitudes appelées communément légales ont quelque chose d'arbitraire, qu'elles ne semblent pas aussi absolument nécessaires que les premières.

Aussi suivrai-je, dans cette controverse peu importante, il est vrai, mais dans laquelle cependant je dois prendre parti, l'opinion du savant M. Demolombe qui nous défend de confondre ces deux classes de servitudes et en tire cette conséquence pratique que, dans les procès relatifs aux premières, le pouvoir d'interprétation des juges sera beaucoup plus étendu que quand il s'agira de vider une contestation née à l'occasion des secondes, c'est-à-dire à l'occasion des servitudes découlant des prescriptions de la loi.

Mais ce n'est pas tout. La même classification des servitudes donne lieu à une seconde difficulté : On se demande si la nature des servitudes comprises dans les deux premiers chapitres est la même que celle des servitudes dont s'occupe le chap. III.

A cette question, je répondrai négativement et je défendrai mon sentiment en prouvant que ces restrictions *sui generis* apportées à la propriété par les deux premiers chapitres de notre titre ne constituent pas des servitudes proprement dites.

En effet, il résulte de l'étymologie même du mot « servitude » qu'on ne peut ranger sous cette dénomination que les droits restrictifs de la liberté de la propriété. Or, quelle est l'étendue de cette liberté? Est-elle absolue? On l'a soutenu, et, dans ce système, il est vrai de dire que toute restriction apportée par le législateur à cette liberté est une servitude.

Mais cette théorie, qui a été défendue par Merlin et Toullier, a vieilli, et l'on admet généralement aujourd'hui que la liberté des fonds est soumise, comme toutes les autres libertés, à une réglementation restrictive. Cette réglementation a dû être admise dans l'intérêt général. Sans elle, le droit de propriété serait une cause de vexations perpétuelles et d'incessantes hostilités. Aussi cette liberté, sagement limitée par la loi, forme-t-elle le droit commun, et l'on ne peut appeler servitudes que les restrictions qui y dérogent.

S'il en est ainsi, ne voyons-nous pas que les charges imposées par la loi elle-même, soit à tous les fonds indistinctement, soit à tous ceux qui se trouvent dans telle condition déterminée, étant générales pour tous ces fonds, ne sont pas de vraies servitudes : elles forment le droit commun de tous les immeubles ou des immeubles de telle classe.

Nous ne trouvons donc de véritables servitudes que celles qui sont rangées dans le chapitre III, sous cette rubrique : « *Servitudes établies par le fait de l'homme.* »

Ces notions générales posées, nous allons passer à l'étude détaillée des servitudes de vues, de passage et d'extraction de matériaux pour l'exécution des travaux publics. Bien que les deux premières soient comprises dans le chapitre II de notre titre, et malgré la critique que nous venons de faire, nous conserverons, pour plus de facilité, les expressions mêmes du législateur et nous appliquerons aux droits de vues et de passage le nom de servitudes.

PREMIÈRE PARTIE.

Des vues sur la propriété de son voisin.

(675 à 680 du Code civil.)

En réglementant le droit de vues s'exerçant par des ouvertures ou fenêtres sur la propriété du voisin, les rédacteurs du Code n'ont pas innové.

Nous trouvons, en effet, dans nos anciennes coutumes, toutes les dispositions que la législation moderne a consacrées. Cependant cette réglementation, malgré son ancienneté reconnue, n'a pu échapper à la critique de certains esprits qui, partant d'un raisonnement plus spécieux que logique, se plaignaient de ce que le maître du mur, qui aurait pu ne pas le construire et qui pourrait toujours l'abattre, ne conservait pas le droit de le transpercer et d'y ouvrir des vues.

Le législateur, disaient-ils, s'est d'autant plus fourvoyé, qu'au lieu d'étendre ainsi la vue naturelle qu'il avait sur le voisin, le propriétaire du mur l'a, au contraire, limitée, en le bornant à certains points. Toullier, qui, dans son *Commentaire du Code civil,* a commis de si graves et si nombreuses erreurs, s'exprime ainsi sur cette question :

« Remarquez la singulière conséquence qui résulte de notre législation. Le jardin de mon voisin n'est séparé du mien que par un fossé : je vois librement ce qui s'y passe de tous les points de mon jardin, sauf à lui à élever un mur ou autres clôtures qui empêchent la vue. Je bâtis un mur de clôture, je n'y pourrai ouvrir une fenêtre, sauf à lui à l'obstruer par un autre mur, quoique par cette fenêtre, au lieu d'étendre la vue naturelle que j'avais auparant sur le voisin, je l'ai extrêmement limitée en la bornant à un seul point. » (Toull., tome II, n° 520, note 1re.)

Ce raisonnement, qui au premier abord semble concluant, tombe de lui-même si l'on considère que la vue qui s'exerce d'un terrain nu sur une propriété limitrophe est beaucoup moins onéreuse que celle qui s'exerce par une fenêtre pratiquée dans un mur. Au premier cas, en effet, la position des deux propriétaires est identique : l'un et l'autre jouissent réciproquement de la vue. D'ailleurs, celui qui peut d'un terrain nu plonger sur la propriété voisine un regard indiscret, étant obligé pour jouir de cette faculté de s'exposer au grand air et étant d'ailleurs soumis aux regards du voisin, ne l'exercera pas par cela même d'une façon permanente, tandis qu'au contraire, s'il a pratiqué une fenêtre dans un mur, si, en outre, ce mur soutient un bâtiment, la vue est en quelque sorte constante, puisqu'elle peut être continuellement exercée par ceux qui l'habitent.

Aussi, je me constituerai toujours, dans cette controverse, défenseur du parti suivi par le législateur et contradicteur de Toullier et de ceux qui ont partagé son sentiment.

Quoique la rubrique de la section III ne mentionne que les vues, on y traite aussi des simples jours, ainsi qu'on peut le constater à la lecture des art. 675, 676 et 677 ; les deux genres d'ouvertures ne doivent pas être confondus. Le Code appelle jours les fenêtres qui ne s'ouvrent pas et qui procurent la lumière sans donner passage à l'air. C'est le *jus luminum* des Romains. Les vues au contraire sont les fenêtres ou autres ouvertures qui donnent passage à l'air comme à la lumière. Chez nous, le droit de vues est la servitude *ne luminibus officiatur* des Romains.

Ces vues se divisent elles-mêmes en vues droites et vues obliques. Les premières sont percées dans un mur parallèle à la ligne séparative des deux héritages ; les secondes sont pratiquées dans un mur perpendiculaire à cette ligne et formant un angle droit ou à peu près avec elle. Telles sont les distinctions que les rédacteurs du Code ont dû faire, et sur lesquelles ils se sont basés pour régler le droit d'ouvrir des jours ou des vues sur les héritages voisins.

Pour plus de clarté et conformément au plan généralement suivi, nous distinguerons trois situations dans lesquelles les murs peuvent se trouver :

Sous la lettre A, nous traiterons des murs construits sur la ligne séparative des deux héritages ; sous la lettre B, des murs construits hors de la ligne séparative, mais en deçà de la distance exigée par les art. 678 et 679, pour l'ouverture des vues. Enfin, sous la lettre C, nous nous occuperons des murs construits à la distance voulue.

A. — Si le mur est construit sur la ligne séparative des deux héritages, il faut distinguer s'il est ou non mitoyen. Le mur mitoyen, on le sait, est celui qui sépare deux héritages contigus et appartient indivisément aux deux propriétaires. Nous trouvons dans le Code (art. 653) l'indication des cas où le mur est présumé mitoyen, s'il n'y a titre ou marque du contraire. Supposons d'abord qu'il soit mitoyen; nous devrons appliquer l'art. 675.

Aux termes de cet article, l'un des voisins ne peut, sans le consentement de l'autre, pratiquer dans le mur mitoyen aucune fenêtre ou ouverture, en quelque manière que ce soit, même à verre dormant (Code civ., art. 675). Des termes formels de cet article et de l'esprit de la loi, il résulte bien que cette prohibition est absolue. Aussi ne pourrait-on en aucune façon suppléer au consentement du propriétaire voisin et devrait-on appliquer la règle partout et dans tous les cas, à la ville comme à la campagne. Toutefois il résulte d'arrêts rendus par la Cour de cassation que cette prohibition est levée au cas où le mur est devenu riverain de la voie publique à laquelle le sol de la maison contiguë a été incorporé après expropriation et démolition. Il n'y a plus alors aucun intérêt, aucun motif sérieux pour exiger la suppression des jours pratiqués dans le mur mitoyen ou pour interdire d'en ouvrir.

On conclut *a contrario* de l'art. 675 que le propriétaire du mur mitoyen peut consentir à ce que son co-propriétaire ouvre des jours ou même des fenêtres dans le mur mitoyen. Cette dérogation au droit commun constitue une véritable servitude qui, étant continue et apparente, peut s'acquérir par prescription.

Que si le mur que nous supposons toujours construit sur la ligne séparative des deux héritages n'est pas mitoyen, mais est propre à l'un des propriétaires voisins, rien n'empêche que des jours y soient pratiqués. Ce second cas est réglé par les art. 676 et 677, ainsi conçus : « Le propriétaire d'un mur non mitoyen, joignant immédiatement l'héritage d'autrui, peut pratiquer dans ce mur des jours ou fenêtres à fer maillé et verre dormant. Ces fenêtres doivent être garnies d'un treillis de fer dont les mailles auront un décimètre (environ trois pouces huit lignes) d'ouverture au plus et d'un châssis à verre dormant. »

Art. 677 : « Ces fenêtres ou jours ne peuvent être établis qu'à vingt-six décimètres (huit pieds) au-dessus du plancher ou sol de la chambre qu'on veut éclairer, si c'est à rez-de-chaussée, et à dix-neuf décimètres (six pieds) au-dessus du plancher pour les étages supérieurs. »

Pouvons-nous empêcher le propriétaire exclusif d'un mur qui joint immédiatement l'héritage d'autrui d'y pratiquer des ouvertures; pouvons-nous lui enlever ainsi la faculté d'éclairer un escalier, un appartement?

D'un autre côté, est-il bon que nous l'autorisions à percer des fenêtres qui lui permettront de plonger à chaque instant ses regards sur la propriété voisine? N'assumons-nous pas par là la responsabilité des vexations qui pourraient en résulter?

Telles sont les réflexions qui ont dû naturellement se présenter à l'esprit des rédacteurs du Code, quand il s'est agi d'y inscrire les art. 676 et 677. Le législateur avait à sauvegarder deux intérêts contraires ; aussi s'est-il arrêté à une solution mixte, consacrée par les deux articles que nous venons de citer. En effet, des deux art. 676 et 677 combinés, il résulte que la faculté de pratiquer des ouvertures dans le mur joignant immédiatement l'héritage d'autrui n'a pas été enlevée au propriétaire de ce mur. Seulement, cette faculté n'est pas absolue; il ne peut l'exercer que sous certaines conditions que nous ramènerons à deux.

Ces ouvertures doivent être :

1° A fer maillé, c'est-à-dire garnies d'un treillis de fer dont les mailles auront un décimètre d'ouverture au plus. Le châssis dans lequel est placé le verre est scellé à demeure.

Cette dernière prescription a son origine dans les Coutumes, qui, beaucoup plus explicites que le Code, exigeaient formellement que le châssis fût scellé en plâtre ou à chaux. Il résulte aussi d'une jurisprudence constante que des châssis battants, simplement cloués, ne suffiraient pas. La loi, par cette dernière exigence, a voulu empêcher qu'on ne s'introduisît dans la propriété voisine ou qu'on n'y jetât des immondices ou résidus quelconques.

A ces caractères que doivent présenter les ouvertures pratiquées par le propriétaire exclusif du mur qui joint immédiatement le terrain d'autrui, nous reconnaissons les simples jours, au sujet desquels les Romains avaient établi le *jus luminum*.

2° Ces jours doivent être pratiqués à une hauteur telle que le propriétaire du mur ne puisse pas gêner son voisin, en jetant sur son héritage des regards indiscrets. Le législateur aurait pu se contenter de poser ce principe et laisser aux juges le soin d'apprécier quelle hauteur suffirait à protéger le voisin. Il ne l'a pas voulu cependant, et nous devons lui en savoir gré, car, en fixant cette hauteur à vingt-six décimètres pour le rez-de-chaussée et à dix-neuf décimètres pour les étages supérieurs, il nous a évité toutes les difficultés que suscitent toujours les questions d'appréciation. Mais gardons-nous bien de croire que l'art. 677 soit d'une application facile et simple. Il est, en effet, la cause de nombreuses divergences entre les jurisconsultes.

Dans le cas où les deux héritages contigus ne sont pas de niveau, une première difficulté s'élève sur le point de savoir si les huit pieds de hauteur au rez-de-chaussée, exigés par l'art. 677, doivent également se trouver du côté du voisin.

. Toullier, suivant ici la doctrine qui paraît avoir été enseignée autrefois par Desgodets et son commentateur Goupy, s'exprime ainsi sur cette question : « Supposons, par exemple, que le rez-de-chaussée de la maison se trouve six pieds au-dessous du rez-de-chaussée de l'héritage voisin, le propriétaire de la maison ne pourrait pas ouvrir des fenêtres à verre dormant à la hauteur de huit pieds, autrement elles ne se trouveraient élevées qu'à deux pieds au-dessus du sol du voisin, qui pourrait alors être vu chez lui; or, c'est la sûreté du voisin que la loi a eu en vue (Toull., t. III, n° 526). »

Malgré l'assurance avec laquelle l'auteur que nous venons de citer expose son opinion, nous croyons avec Pardessus, Delvincourt, Demolombe et M. Duvergier lui-même, qu'il suffit que la hauteur exigée par la loi existe du côté de celui qui veut ouvrir des jours, lors même qu'elle ne se trouverait pas du côté du voisin.

Notre art. 677 est, en effet, d'une extrême précision : il n'exige la hauteur de huit pieds qu'au-dessus du plancher ou sol qu'on veut éclairer. D'ailleurs, le voisin est suffisamment garanti contre l'indiscrétion du propriétaire du mur, et je ne vois pas pourquoi on imaginerait une sévérité que la loi n'implique pas, d'autant que l'art. 677 est contraire au droit naturel, qui permet au propriétaire de disposer de sa chose de la façon la plus absolue.

Une difficulté plus délicate se présente dans le cas où le propriétaire du mur voudrait y pratiquer des soupiraux pour éclairer une cave qui n'a pas assez d'élévation pour que l'on puisse observer la hauteur exigée par l'article 677. Les termes formels de cet article semblent bien interdire cette faculté au propriétaire du mur. Cependant on peut dire, pour combattre cette solution, que l'art. 677 ne s'occupe que des ouvertures qui seraient faites afin d'éclairer des chambres placées au rez-de-chaussée, c'est-à-dire au-dessus du rez-de-terre, à fleur de terre; dès lors, il ne paraît pas applicable aux ouvertures faites pour éclairer des caves qui (le nom seul le dit) sont au-dessous du rez-de-chaussée. Nous convenons que cet argument est spécieux ; mais, d'un côté, l'utilité que le propriétaire du mur retire de ces ouvertures est si grande; de l'autre, les inconvénients en sont si minimes pour le voisin, que nous pensons qu'il doit être admis.

La hauteur exigée par l'art. 677 doit se mesurer à partir du sol ou rez-de-chaussée, ou du plancher des étages supérieurs, jusqu'au-dessus des appuis ou enseuillements des ouvertures que l'on veut pratiquer.

Que s'il s'agit d'une fenêtre destinée à éclairer un escalier dont les marches sont posées le long du mur, il faut décider qu'elle doit suivre la direction ascendante de l'escalier, de manière que la hauteur légale soit toujours observée à partir de chacune des marches.

Il n'est pas indispensable que celui qui pratique des jours à fer maillé et à verre dormant soit propriétaire exclusif de tout le mur, il suffit qu'il le soit de la partie de ce mur où il veut percer des ouvertures. Par exemple, s'il exhausse le mur mitoyen, rien ne s'oppose à ce qu'il ouvre des jours dans cet exhaussement pour éclairer un appartement.

Tous ces jours ne donnent à celui qui les a aucun droit de servitude. Il les ouvre *jure dominii* et non pas *jure servitutis ;* aussi le voisin sur l'héritage duquel ils sont dirigés peut évidemment les obstruer en tout ou en partie, en élevant sur son terrain un mur ou des plantations.

Toutefois, ce voisin pourrait être tenu *jure servitutis*, par exemple s'il y avait titre ou destination du père de famille. Dans ce cas, il ne saurait échapper aux conséquences des art. 676 et 677.

Indépendamment de toute intention de planter ou de bâtir, le même voisin peut, en achetant la mitoyenneté, se procurer le moyen de faire boucher les jours que le propriétaire exclusif du mur y a pratiqués. Il en est de même dans le cas où le mur mitoyen ayant été exhaussé et des jours y ayant été pratiqués, le propriétaire qui n'aurait pas d'abord contribué à cet exhaussement en acquerrait plus tard la mitoyenneté.

B. — Passons à la seconde hypothèse, celle où le mur, quoique non situé sur la ligne séparative des deux héritages, n'est cependant pas bâti à la distance requise par les art. 678 et 679, pour qu'on puisse sans obstacle y pratiquer des vues droites ou obliques. Quelles règles sont ici applicables ?

Pas de difficulté quant aux vues droites ou obliques. Les art. 678 et 679 en interdisent formellement l'ouverture. Mais relativement aux jours dont s'occupent les art. 676 et 677, je ne vois rien qui puisse empêcher le propriétaire du mur de s'en procurer l'utilité.

4

Que l'on ne vienne pas nous objecter que l'art. 676 ne s'occupant que des murs contigus à l'héritage sur lequel il s'agit d'établir un jour, ne s'applique pas à l'hypothèse que nous envisageons, car non seulement une telle différence serait irrationnelle, mais encore contraire à tous nos principes sur la propriété.

Et, en effet, le propriétaire d'un mur, comme tout autre, n'a-t-il pas sur sa chose le droit le plus absolu ? Ne peut-il pas percer ou même détruire son mur ?

Personne, certes, ne le niera. Or, la loi a, dans un intérêt d'ordre public, apporté quelques restrictions à ce droit. Elle a, dans des cas spéciaux, limité la faculté que le propriétaire a de modifier sa chose comme il l'entend. Ces restrictions sont donc des exceptions au droit commun. Nous ne saurions opposer ici au propriétaire d'un mur situé en deçà des limites exigées par les art. 678 et 679 aucune restriction de ce genre pour l'empêcher d'ouvrir des jours sous les conditions requises. Donc l'art. 676 s'appliquera *a fortiori* à notre hypothèse.

C. — Sous la troisième hypothèse, nous trouvons le cas où le mur dans lequel le propriétaire veut pratiquer un jour ou une vue est à une distance telle du fonds voisin que la loi ne met plus aucun obstacle aux désirs du propriétaire. Ce cas est réglementé par les art. 678 et 679. Ces articles distinguent les vues droites et les vues obliques. Nous les avons définies plus haut ; nous n'y reviendrons pas ici. Cependant, nous ferons observer que le législateur a exigé plus de garanties pour l'établissement des vues droites que pour l'ouverture des vues obliques. Cette différence s'explique aisément. En effet, la loi, en réglementant le droit de vue sur les héritages voisins, a cherché à empêcher autant que possible les inconvénients qui pourraient résulter pour un propriétaire du voisinage d'un homme indiscret ou malveillant. Or, il semblera évident à quiconque voudra y prêter attention qu'une vue droite dont on jouit sans se déranger est beaucoup plus dangereuse qu'une vue oblique qui nous force, quand nous voulons en user, à nous baisser, à nous pencher en avant, en un mot, à prendre une position plus ou moins fatigante. Le législateur a donc, en graduant sa sévérité sur les inconvénients, fait preuve de beaucoup de logique.

La loi ne s'occupe, dans les art. 678 et 679, relativement aux vues droites ou obliques, que de la distance qui doit exister entre les deux héritages. Elle ne détermine en aucune façon la qualité des jours, non plus que leur hauteur ou leur largeur. D'où il faut conclure que le droit du propriétaire est absolu sur ces points.

Quant à la manière de calculer la distance exigée par les art. 678 et 679, une difficulté peut s'élever. Disons d'abord que rien n'est plus simple que ce calcul relativement aux vues droites. En effet, lisons l'art. 680, ainsi conçu : « La distance dont il est parlé dans les deux articles précédents se compte depuis le parement extérieur du mur où l'ouverture se fait, et, s'il y a balcons ou autres semblables saillies, depuis leur ligne extérieure jusqu'à la ligne de séparation des deux propriétés ». Cet article est d'une remarquable clarté et tout commentaire en serait inutile si nous ne devions nous mettre en garde contre une erreur dans laquelle la généralité de ses termes pourrait nous faire tomber. En effet, ne semble-t-il pas résulter de ces mots : « La distance dont il est parlé dans les deux articles précédents se compte, etc., etc. » que l'art. 680 s'applique non seulement aux vues droites ou fenêtres d'aspect, mais encore aux vues obliques réglementées par l'art. 679? Personne ne le contestera, et cependant, si l'on réfléchit quelque peu, on s'aperçoit aisément que l'existence des vues obliques est incompatible avec la règle posée dans l'art. 680. Ne seraient-elles pas, en effet, impossibles à quelque distance qu'elles fussent placées de l'héritage voisin, si le mur dans lequel elles sont pratiquées n'en était lui-même distant de six décimètres? Ce n'est pourtant pas ce qu'a voulu le législateur. Il a exigé qu'un espace de six décimètres existât entre le point d'où la vue s'exerce et l'héritage sur lequel elle tombe : c'est donc à partir de l'arête ou jambage de la fenêtre que l'on doit calculer la distance. D'ailleurs, c'était la règle autrefois suivie, et je ne sache pas que la législation moderne s'en soit départie.

DEUXIÈME PARTIE.

Du droit de passage.

(Code civil, art. 682 à 685.)

En règle générale, nul ne peut passer sur le fonds d'autrui sans le consentement du propriétaire. C'est une conséquence du principe que le droit de propriété est sacré. Néanmoins le législateur a dû, dans un but d'intérêt général, pourvoir à ce que le propriétaire d'un fonds ne fût pas réduit à l'impossibilité de le cultiver et d'en recueillir les fruits faute de pouvoir y accéder. C'est l'objet des art. 682 à 685.

D'après l'art. 682 : « Le propriétaire dont les fonds sont enclavés et qui n'a aucune issue sur la voie publique, peut réclamer un passage sur les fonds de ses voisins pour l'exploitation de son héritage, à la charge d'une indemnité proportionnée au dommage qu'il peut occasionner. »

Aux termes de cet article, le propriétaire seul aurait le droit de réclamer un passage. Toutefois, l'exploitation du fonds enclavé étant le motif qui a fait édicter cette prescription, nous croyons entrer dans l'esprit de la loi en disant que ce droit appartient à toute personne ayant un droit réel à l'exploitation du fonds enclavé. Je dis droit réel, car je ne prétends pas que cet article soit fait dans l'intérêt d'un fermier ou d'un locataire. Celui-ci pourra seulement demander à son bailleur de le faire jouir du fonds enclavé, sauf à résilier son bail si le propriétaire ne lui fournit pas les moyens de l'exploiter.

Relativement aux conditions essentielles de l'enclave telle que l'entend l'art. 682, nous devons dire :

1° Qu'elle doit avoir pour cause un cas fortuit ou de force majeure, tel qu'un éboulement, une inondation, etc., etc. Ainsi, lorsque le fonds n'est devenu enclavé que parce qu'un propriétaire a fermé ou laissé fermer par des constructions l'issue de son fonds sur la voie publique, celui-ci ne peut pas obliger les propriétaires des autres à lui en fournir une autre, et si c'est par suite de vente, échange ou partage que le fonds est devenu enclavé, les covendeurs, coéchangistes ou copartageants sont seuls tenus de fournir un passage pour l'exploitation de ce fonds, avec ou sans indemnité et sans qu'il y ait lieu d'appliquer les règles tracées par les art. 683 et 684, C. civ.;

2° Il faut que le fonds n'ait aucune issue sur la voie publique. Ainsi, nous ne devons pas considérer comme enclavé l'héritage aboutissant à un terrain communal, ni le fonds qui exerce un passage sur un autre fonds, soit en vertu d'un titre contestable, soit en vertu de la simple tolérance du propriétaire.

Toutefois, si le titre attaqué en justice était déclaré insuffisant pour établir le droit de passage ou si le propriétaire du fonds sur lequel le passage était exercé à titre de tolérance, ne veut plus le supporter, nous retombons sous l'application de l'art. 682.

Le bénéfice de cet article appartiendra encore au propriétaire d'un héritage qui n'aurait qu'une seule issue sur un chemin de halage. En effet, ces sortes de chemins sont, pour le fonds qui en est grevé, une simple servitude établie dans l'intérêt de la navigation.

La loi exige aussi qu'il y ait nécessité absolue.

Toutefois, les magistrats devront appliquer la règle d'une façon intelligente et pratique, et la question étant toute de fait, la Cour de cassation ne saurait annuler la décision des juges d'appel.

L'art. 682, en donnant au propriétaire enclavé le droit de se procurer un passage sur les fonds voisins, ne fait aucune distinction; aussi pouvons-nous dire avec M. Jousselin que la nature des héritages ne fait pas plus obstacle que la qualité des propriétaires à l'application de la servitude.

Mais si le législateur a permis que toutes les propriétés circonvoisines pussent être grevées de la servitude légale de passage, il n'a cependant pas voulu laisser aux parties le soin de déterminer quel fonds en serait affecté.

C'est dans ce but qu'il a fait les deux art. 683 et 684 qui, bien que paraissant régler deux situations différentes, doivent être combinés.

Ainsi, en principe, le passage doit régulièrement être pris du côté où le trajet est le plus court du fonds enclavé à la voie publique (683). Cependant, si pour satisfaire à cette prescription le propriétaire enclavé était obligé à des dépenses considérables afin de rendre le passage praticable, il pourrait s'adresser à un autre voisin dont la propriété offrirait un passage plus long, mais moins difficile. L'art. 683 n'a point fait ici une règle immuable de

donner le passage par le trajet le plus court; c'est simplement la règle générale dont il ne faut pas s'écarter sans de graves motifs. En un mot, nous
devons dire que les juges pourront s'en séparer quelquefois et user du
pouvoir d'appréciation que les Romains leur reconnaissaient en cette
matière : « *Ita ut judex de opportunitate loci prospiciat* » (Dig.,
liv. XI, tit. VII, loi XII).

S'il était nécessaire que le législateur donnât au propriétaire enclavé le
droit de se faire octroyer un passage sur les héritages voisins, il ne fallait
cependant pas que le maître du terrain assujetti en souffrît un trop grand
préjudice. Voilà pourquoi l'art. 682 n'autorise l'ouverture du passage qu'à
la charge pour celui qui doit en jouir de payer à celui qui le subit une indemnité proportionnée au dommage qu'il peut occasionner. C'est une réparation; ce n'est pas un prix calculé sur l'avantage que le passage procure
au propriétaire enclavé. Aussi bien pouvons-nous en conclure que si le
dommage causé était nul, aucune indemnité ne serait due.

Si les parties ne peuvent s'entendre pour régler cette indemnité, il y a
lieu de procéder à une expertise dont les frais seront à la charge de celui qui
réclame le passage.

Le paiement devra en être fait préalablement à l'exercice du droit de
passage. Il est vrai que le législateur, dans les art. 682 à 685 spécialement affectés à cette servitude, n'a pas établi cette règle. Mais nous ne
saurions admettre qu'un particulier agissant en son nom personnel soit
traité plus favorablement que l'Etat agissant dans l'intérêt public.

Aussi, de même que l'indemnité due par l'Etat, en cas d'expropriation,
doit être payée préalablement à la dépossession du propriétaire exproprié,
de même, en cas d'enclave, la réparation due au propriétaire du fonds
assujetti doit être soldée avant que le propriétaire enclavé use de son droit.

Relativement à cette indemnité, l'art. 685 dispose : « L'action en indemnité, dans le cas prévu par l'art. 682, est prescriptible, et le passage
doit être continué quoique l'action en indemnité ne soit plus recevable. »
Cet article, qui paraît si simple, offre de grandes difficultés sur le point de
savoir à quels cas il s'applique.

Dégageons d'abord de la question deux situations dans lesquelles aucun
doute ne saurait s'élever.

L'art. 685 s'appliquera évidemment :

1º Si le passage a été exercé après un réglement conventionnel ou judiciaire qui avait tout à la fois déterminé la direction du passage et le quantum de l'indemnité;

2° Si le passage a été exercé après le même réglement qui, en déterminant la direction du passage, aurait réservé la question relative à l'indemnité.

Dans l'un et l'autre cas, en effet, une action était née au profit du propriétaire du fonds assujetti, soit afin d'obtenir le paiement de l'indemnité déjà réglée, soit afin de faire fixer le montant de l'indemnité encore indéterminée.

Mais le point sur lequel s'élève véritablement la difficulté est celui de savoir si la prescription de la créance d'indemnité court du jour où le passage a été exercé par le propriétaire enclavé, lors même qu'il n'y aurait eu aucun réglement ni conventionnel ni judiciaire. Pour nous, la solution nous semble devoir être affirmative, malgré les arguments contraires que l'on peut puiser dans l'ancien droit et spécialement dans les coutumes de Paris et de Normandie, qui consacraient ce principe : « Nulle servitude sans titre. »

Et en effet, des termes de l'art. 685 il résulte que le propriétaire du fonds enclavé, tirant son droit de la loi elle-même (682), n'a aucune demande à intenter contre le propriétaire du fonds assujetti; qu'au contraire, ce dernier a une action à exercer à fin d'indemnité, laquelle est exigible du jour où le passage a commencé. Nous n'avons donc qu'à faire ici l'application pure et simple de l'art. 2262, aux termes duquel : « toutes actions, tant réelles que personnelles, sont prescrites par trente ans, sans que…, etc., etc. »

Il est vrai que nous trouvons ici un nouveau principe, celui en vertu duquel le propriétaire enclavé a de plein droit un passage sur les fonds voisins, sans qu'au préalable il ait besoin de le réclamer.

On peut même dire, si l'on veut, que le fait seul de l'exercice du passage équivaut virtuellement à une réclamation et met dès lors le voisin en demeure de demander l'indemnité s'il pense y être fondé.

Ce que décrète l'art. 685, ce n'est pas une prescription acquisitive, mais purement extinctive et libératoire.

Il faut remarquer toutefois que la possession qui sert de base à cette prescription doit réunir toutes les conditions exigées pour la prescription acquisitive, c'est-à-dire il faut qu'elle soit à titre de propriétaire, publique, paisible, continue et non interrompue.

Nous terminerons cette matière en disant quels sont les effets du droit de passage. Il ne s'agit ici que de l'établissement d'une servitude, ce qui n'oblige pas le propriétaire du fonds assujetti à céder une portion quelconque de son terrain. Il se trouve seulement grevé d'une servitude légale dont les effets sont les mêmes que ceux d'une servitude dérivant du fait de l'homme. Aussi peut-il exercer sur son fonds tous les droits que lui confère son titre de propriétaire, sauf les restrictions qui sont apportées à sa liberté par l'art. 701. Il peut user lui-même du passage, sauf à contribuer aux frais avec le propriétaire du fonds enclavé. Il peut également se clore, pourvu toutefois que la servitude soit telle qu'elle n'en doive pas souffrir.

Le propriétaire du fonds enclavé ne peut user du droit de passage que pour l'exploitation de son fonds. C'est lui qui doit supporter les frais d'ouverture et d'entretien du chemin. Que s'il vient à laisser s'écouler une période de 30 ans sans user de son droit, il le perd conformément à l'art. 706; car la servitude de passage une fois établie se confond, comme nous le disions plus haut, avec les autres servitudes. Voilà pourquoi nous pensons, contrairement à l'opinion d'un grand nombre de juris-consultes, que le droit de passage une fois réglé subsisterait même après que l'enclave aurait cessé d'une façon définitive.

Telles sont les règles qui gouvernent le droit de passage, ainsi qu'il résulte de l'art. 682. A peine avons-nous besoin de dire que cette servitude ne doit pas être confondue avec ces passages qui servent à l'exploitation de plusieurs fonds. Ces sortes de voies sont ou bien vicinales ou bien appartiennent indivisément aux propriétaires des champs qu'elles ont pour objet de desservir. Dans ce dernier cas, les règles qui leur sont applicables sont celles de la co-propriété.

TROISIÈME PARTIE.

Servitude d'extraction de matériaux pour l'exécution des travaux publics.

(Arrêts du Conseil; 22 juin 1706, 7 septembre 1755, 20 mars 1780; loi du 28 pluviôse an VIII, art. 4, § 4; loi du 16 septembre 1807, art. 55; loi du 21 mai 1836, art. 17; décret du 8 février 1868.)

Après avoir posé en principe, au début de cette thèse, que le droit de propriété est le plus absolu des droits que nous puissions avoir sur une chose, nous avons ajouté qu'il recevait cependant quelquefois des lois ou des règlements certaines restrictions. Nous pouvons ranger sous trois chefs principaux ces modifications restrictives de la propriété. Les unes, en effet, ont pour but de favoriser des tiers (art. 661, Code civ.). Les autres sont créées dans l'intérêt des propriétaires eux-mêmes (903, 904, 905–1124, Code civ.). Les troisièmes, enfin, ont pour effet de faire fléchir l'intérêt privé du propriétaire devant l'intérêt public. De ce nombre est la servitude d'extraction des matériaux, dont nous allons nous occuper maintenant.

Aux termes de la loi du 3 mai 1841, l'État peut exproprier un propriétaire dont le terrain est nécessaire à l'exécution de travaux déclarés d'utilité publique. C'est une grave atteinte portée au droit de propriété, mais n'est-ce pas un principe d'ordre social que l'intérêt privé s'incline devant l'intérêt général? Aussi trouvons-nous l'expropriation pour cause d'utilité publique dans les temps les plus reculés; Proudhon enseigne à tort que les Romains ne la connaissaient pas. Il résulte des textes qu'elle était employée à Rome et qu'on expropriait non seulement les immeubles, mais encore les meubles, particulièrement les esclaves. Merlin retrouve l'orìgne de l'expropriation pour cause d'utilité publique jusque dans l'Écriture sainte. Elle existait dans notre ancien droit sous le nom de Retrait d'utilité publique. D'ailleurs, dans notre droit actuel, tous les intérêts sont sauvegardés, et quiconque étudiera avec soin la loi du 3 mai 1841 admirera le soin qu'a pris le législateur de garantir tout propriétaire contre les injustes empiétements de l'État.

5

Pour l'extraction des matériaux, au contraire, il n'y a pas d'expropriation ; la propriété ne change pas de main, elle se trouve seulement diminuée et grevée d'une servitude, dans un but d'utilité publique. Quoi qu'il en soit, l'intérêt privé se trouve en lutte avec l'intérêt public, et le propriétaire du terrain frappé devrait avoir de solides garanties. Cependant il n'en est pas ainsi, et notre législation est loin d'être bonne sur ce point.

La servitude d'extraction de matériaux pour l'exécution de travaux publics est établie par l'arrêt du conseil du 7 septembre 1755, qui autorise les entrepreneurs à prendre la pierre, le grès, le sable et les autres matériaux dans les lieux qui leur seront indiqués par les actes administratifs. Cet arrêt du Conseil d'État rappelle en même temps l'exécution de divers arrêts, dont le principal est celui du 22 juin 1706. La loi des 12-18 juillet 1791 ou Code rural a, dans l'art. 1er du titre 1er, section VI, autorisé les agents de l'administration à fouiller dans un champ pour y chercher des pierres, de la terre ou du sable nécessaires à l'entretien des grandes routes.

Nous trouvons dans la loi du 21 mai 1836 une disposition analogue qui s'applique à une autre classe de voies de communication. En effet, d'après l'art. 17 de cette loi, la servitude d'extraction peut être exercée pour la construction et l'entretien des chemins vicinaux dans les lieux désignés par arrêté du préfet. Enfin les art. 55 et suivants de la loi du 16 septembre 1807 fixent les bases à prendre et la procédure à suivre pour déterminer l'indemnité qui sera due aux propriétaires à raison du préjudice causé par l'extraction des matériaux. Tels sont, en y joignant l'arrêt interprétatif du 20 mars 1780, la loi du 28 pluviôse an VIII, le décret du 8 février 1868, les documents législatifs qui réglementent cette dernière partie de notre thèse. Nous allons les passer en revue, afin de trouver une juste solution aux trois questions suivantes : 1° Quels terrains peuvent être frappés de cette servitude ? 2° A qui appartient le droit de fouiller les propriétés privées ? 3° A quelles conditions s'exerce cette servitude ?

1° En principe, toute propriété foncière peut être grevée de la servitude d'extraction des matériaux. L'arrêt du 7 septembre 1755 ne fait à cet égard aucune distinction. Peu importe la nature du terrain. Aussi le préfet vient-il à désigner un champ cultivé, un bois ou une forêt, le propriétaire sera, dans tous les cas, obligé de subir l'occupation temporaire, sauf pour l'entrepreneur l'obligation de suivre dans l'extraction des matériaux les règles tracées par l'art. 145 du Code forestier et les art. 169 à 175 de l'ordonnance du 1er août 1827, rendue pour l'exécution de ce Code. Mais si le législateur n'a pas exigé que le préfet tînt compte dans son arrêté de la nature des lieux, il n'a cependant pas voulu lui laisser un choix absolu. D'après l'arrêt de 1755, l'administration ne doit désigner aux entrepreneurs, pour l'extraction des matériaux, que les terrains qui ne sont pas fermés de murs ou autre clôture équivalente, suivant les usages du pays. Ainsi donc, toutes les fois que les lieux désignés par l'administration ne rentrent pas dans cette exception, le propriétaire est sans droit pour s'opposer aux opérations de l'entrepreneur sur son terrain.

En présence de cette exception consacrée par l'arrêt de 1755, nous devons naturellement nous demander ce qu'il faut entendre par ces mots : « clôture équivalente, suivant les usages du pays. » Et tout d'abord, il est bien clair qu'un fossé ne pourrait pas être considéré comme une clôture, dans le sens sus-mentionné. Il en est de même d'une haie, du rejet des terres extraites du fossé. Mais nous ne pouvons songer à déterminer le sens de cette périphrase en procédant par voie d'exclusion ; aussi croyons-nous mieux faire en adoptant cette règle, qui nous semble fort juste et qui a été formulée par M. Dufour en ces termes : « L'exemption ne doit profiter qu'aux héritages que leur genre de clôture, eu égard aux usages du pays, doit faire considérer comme réservés, par opposition aux héritages ceints d'une clôture seulement destinée soit à en démarquer les limites, soit à en interdire le parcours. » (Dufour, *Droit administratif,* t. IV, tit. II, chap. XXVI, n° 2848.)

La propriété doit, en outre, être complétement fermée. Il ne suffit pas, en effet, pour jouir du bénéfice de l'exception, que le terrain soit muré sur deux ou trois côtés, si d'ailleurs il est possible d'arriver à la propriété de plusieurs points sans passer par la barrière qui la ferme. Un arrêt du conseil, du 20 mars 1780, interprétant en tant que de besoin les dispositions de l'arrêt du 7 septembre 1755, dit que la dispense ne doit s'entendre que des cours, jardins, vergers et autres possessions de ce genre, et non des terres labourables, prés, bois, vignobles et autres terres de la même nature, quoique closes. » Il est vrai que l'arrêt du 20 mars 1780 a été rendu dans une affaire spéciale, c'est-à-dire à l'occasion des difficultés que rencontrait l'extraction des matériaux nécessaires à la confection de deux routes en Normandie ; mais sa valeur comme disposition générale résulte de ce que l'arrêt porte cette mention : « Interprétant, en tant que de besoin, l'arrêt du 7 septembre 1755. » Ajoutons que souvent, bien que rendus à propos de faits particuliers relatés dans le préambule, les anciens arrêts du conseil statuaient d'une manière générale. Et c'est, en effet, avec ce caractère que celui dont nous nous occupons présentement est appliqué par la juris-prudence.

Nous venons de voir que le préfet qui désignerait, pour fournir des ma-tériaux à un entrepreneur adjudicataire de travaux publics, un terrain fermé suivant les prescriptions de la loi, commettrait un excès de pouvoir contre lequel le propriétaire pourrait recourir devant le ministre des travaux publics ; nous devons maintenant nous demander si le propriétaire est encore en temps de se clore après que la désignation a été faite.

Le conseil d'Etat a décidé la question affirmativement, et quelques auteurs, parmi lesquels nous citerons MM. Batbie et Dalloz, défendent cette manière de voir, en s'appuyant sur l'art. 647 du Code civil, en vertu duquel le droit de se clore serait permanent. Nous ne saurions nous ranger à cette opinion : Hé quoi ? votre propriété non fermée est valablement grevée **de** la servitude d'extraction de matériaux. L'arrêté préfectoral vous est notifié : vous la faites immédiatement murer, et il faudra que le préfet trouve le moyen de frapper un autre terrain ? N'est-ce pas rendre cette servitude illu-soire ? La désignation régulièrement faite par l'administration d'un terrain pour y prendre des matérianx, n'imprime-t-elle pas à ce terrain une servi-tude toute aussi respectable que celle qui résulterait d'une convention, et les deux cas ne doivent-ils pas être assimilés ? La loi, dit-on, exempte les héri-tages clos et nous devons nous montrer faciles pour exonérer les héritages d'une servitude aussi lourde. Cette servitude est pesante, en effet, mais nous n'avons pas à refaire ou à abroger la loi ; nous n'avons qu'à l'inter-préter. D'ailleurs, le droit consacré par l'art. 647 n'est pas absolu et il ne peut être exercé que sous les restrictions imposées par les lois et les règle-ments légalement pris.

2° A qui appartient le droit de fouiller les propriétés privées ? — Il résulte de l'arrêt du 7 septembre 1755 que le droit de fouiller les propriétés privées pour en extraire des matériaux n'appartient qu'aux entrepreneurs des travaux publics. Le conseil d'Etat a jugé que cette disposition doit être appliquée textuellement et qu'elle ne peut être étendue aux marchés des fournisseurs de matériaux pour la réparation et l'entretien des routes ou autres travaux publics. Ceux-ci n'ont que les voies ordinaires pour remplir leurs engagements. Beaucoup d'auteurs critiquent cette disposition comme arbitraire et peu raisonnée. Ils voient de l'incohérence dans une loi qui accorde un privilége à des entrepreneurs qui, dans la pratique, n'en jouiront pas, attendu que le plus souvent ces entrepreneurs sous-traitent avec des fournisseurs qui leur procurent les matériaux dont ils ont besoin. Ils expliquent ce vice de la loi en disant qu'au moment où fut fait l'arrêt de 1755, le sous-traité de fournitures était peu ou point connu, et ils concluent qu'une sage interprétation, conforme sinon au texte, du moins à l'esprit de la loi et aux usages actuellement suivis, étendrait aux fournisseurs de matériaux une disposition qui, dans le principe, n'avait en vue que l'intérêt des entrepreneurs eux-mêmes. Quoi qu'il en soit de ces critiques plus ou moins fondées, nous adopterons la doctrine du conseil d'État qui, basée sur une interprétation peut-être un peu stricte, a du moins l'immense avantage d'être conforme au principe que les législations exceptionnelles doivent être limitativement et restrictivement interprétées : *Exceptiones sunt strictissimæ interpretationis.*

3° A quelles conditions peut s'exercer cette servitude? Le 9 février 1868, il parut au *Moniteur universel* un décret daté de la veille et destiné à fixer les formalités que les entrepreneurs auraient à remplir pour occuper valablement un terrain frappé de la servitude d'extraction de matériaux. Ce décret était immédiatement précédé d'un rapport à l'Empereur, dans lequel on en expliquait le but et l'utilité. On y lisait entre autres dispositions : « ..... Mais aucun réglement n'a déterminé d'une manière précise les formalités à suivre pour ces occupations temporaires (autorisées par les arrêts de 1706, 1755, loi du 16 septembre 1807) et des contestations se sont souvent élevées entre les propriétaires et les entrepreneurs............ »

Pour éviter ces difficultés, les préfets de quelques départements ont déterminé par des arrêtés certaines mesures réglementaires auxquelles les entrepreneurs sont tenus de se conformer, mais ces arrêtés sont pour la plupart incomplets; de plus, les formalités qu'ils prescrivent varient d'un département à l'autre, sans que rien justifie les différences; il a donc paru qu'il convenait de faire pour tous les départements un réglement général uniforme, qui deviendrait obligatoire pour tous les entrepreneurs des ponts-et-chaussées. ....

Ce réglement détermine, à défaut d'arrangement amiable avec le propriétaire, les formalités à remplir pour que l'occupation soit autorisée, le délai

dans lequel elle peut être faite et la manière dont il sera procédé, contradictoirement avec le propriétaire, à l'expertise qui devra précéder l'occupation
des terrains. . . . .

Ainsi s'exprimait M. de Forcade, alors ministre des travaux publics, dans
le rapport adressé à l'Empereur en vue d'obtenir l'approbation du décret
à l'étude duquel nous allons maintenant passer.

Aux termes mêmes de ce décret (art. 1er), les entrepreneurs ne peuvent
exercer le droit d'extraction que dans les lieux désignés par des actes administratifs. Ces actes administratifs sont des arrêtés pris par les préfets dans
les départements desquels les travaux s'exécutent. Au sujet des indications
qu'ils doivent contenir, nous lisons dans l'art. 1er du décret du 8 février 1868 :
« . . . . . Cette occupation est autorisée par un arrêté du préfet indiquant le
nom de la commune où le terrain est situé, les numéros que les parcelles
dont il se compose portent sur le plan cadastral et le nom du propriétaire.
Cet arrêté vise le devis qui désigne le terrain à occuper ou le rapport par
lequel l'ingénieur en chef, chargé de la direction des travaux, propose l'occupation. Un exemplaire du présent réglement est annexé à l'arrêté.

Ainsi donc, les entrepreneurs de travaux publics qui, de leur autorité
privée, occuperaient des terrains non désignés, commettraient une violation
de la propriété, pour laquelle ils pourraient être justiciables des tribunaux
correctionnels si elle rentrait dans un des cas prévus par le Code pénal.

En tout cas, elle donnerait lieu à une action civile en dommages-intérêts
fondée sur les art. 1382 et suivants du Code civil.

Mais qu'arriverait-il si le préfet désignait des lieux exempts ?

Le propriétaire pourrait réclamer, devant le conseil de préfecture, une indemnité pour dommages résultant de l'exécution de travaux publics ou faire
décider par le conseil que le terrain désigné est dans le cas d'exemption. En
effet, la loi du 28 pluviôse an VIII, art. 4, attribue au conseil de préfecture
la connaissance de toutes les réclamations pour terrains fouillés. La juris-
prudence du conseil d'Etat n'accorde pas au propriétaire dont le terrain
aurait été désigné malgré l'exception le droit de se pourvoir au contentieux
contre l'arrêté du préfet directement au conseil d'Etat, pour cause d'excès
de pouvoir (Batbie, *Précis du cours de droit administratif*, p. 496).

L'arrêté préfectoral une fois rendu, le préfet en envoie ampliation à
l'ingénieur en chef et au maire de la commune. L'ingénieur en chef en
remet une copie certifiée à l'entrepreneur ; le maire notifie l'arrêté au pro-

priétaire du terrain ou à son représentant (art. 2 du décret du 8 février 1868).

Armé alors de la désignation préfectorale, l'entrepreneur doit, préalablement à toute mesure, chercher à s'entendre avec le propriétaire. S'il y parvient, il est tenu de présenter aux ingénieurs, toutes les fois qu'il en est requis, le consentement écrit du propriétaire ou le traité qu'il a fait avec lui (art. 3 du décret).

A défaut de convention amiable, l'entrepreneur, préalablement à toute occupation du terrain désigné, fait au propriétaire, ou, s'il ne demeure pas dans la commune, à son fermier, locataire ou gérant, une notification par lettre chargée indiquant le jour où il compte se rendre sur les lieux ou s'y faire représenter. Il l'invite à désigner un expert pour procéder, contradictoirement avec celui qu'il aura lui-même choisi, à la constatation de l'état des lieux. En même temps, l'entrepreneur informe par écrit le maire de la commune de la notification faite par lui au propriétaire.

Entre cette notification et la visite des lieux, il doit y avoir un intervalle de dix jours au moins (art. 4).

Nous pensons que ce délai est prescrit afin que le propriétaire puisse prendre des renseignements et choisir son expert en connaissance de cause.

Il faut rapprocher de cet article l'art. 6 qui, prévoyant le cas où le propriétaire aurait négligé de choisir son expert, indique en ces termes le moyen d'y suppléer : « Si, dans le délai fixé par le dernier paragraphe de l'art. 4, le propriétaire refuse ou néglige de nommer son expert, le maire en désigne un d'office pour opérer contradictoirement avec l'expert de l'entrepreneur. »

Les opérations de ces experts consistent à constater l'état des lieux, de manière qu'en rapprochant plus tard cette constatation de celle qui sera faite après l'exécution des travaux, on ait les éléments nécessaires pour évaluer la dépréciation du terrain ou faire l'estimation des dommages (art. 5). Par ce moyen, comme le dit encore M. de Forcade dans son rapport, les conseils de préfecture auront à leur disposition des documents qui leur permettront d'apprécier l'état des terrains avant qu'ils ne puissent être occupés par les entrepreneurs des travaux publics. Aussi les experts dressent-ils un procès-verbal en trois expéditions, dont l'une est remise au propriétaire du terrain, une autre à l'entrepreneur et la troisième au maire de la commune (art. 5 *in fine*).

Immédiatement après que ces formalités que nous avons essayé d'expliquer ont été remplies (sauf toutefois le cas où il existe sur le terrain des arbres fruitiers ou de haute fûtaie qu'il soit nécessaire d'abattre), l'entrepreneur peut occuper le terrain et y commencer les travaux autorisés par l'arrêté du préfet, tous les droits du propriétaire étant réservés en ce qui concerne le réglement de l'indemnité (art. 7).

L'extraction des matériaux, en effet, donne lieu à une indemnité. Et comme le dommage n'est évaluable qu'après qu'il a été causé, l'indemnité ne peut être préalable. Elle est fixée par les experts qui ont procédé à la constatation de l'état des lieux si le propriétaire et l'entrepreneur y consentent, sinon elle est déterminée par le conseil de préfecture, conformément à la loi du 28 pluviôse an VIII, art. 4, § 4. Le principe de cette indemnité, déposé dans l'arrêt de 1755, rappelé par la loi des 12-18 juillet 1791, se trouve également reproduit dans la loi du 16 septembre 1807. Mais les bases sont loin d'être restées les mêmes.

Ainsi, aux termes de l'art. 2 de la loi des 12-18 juillet 1791, l'indemnité devait être égale à la réparation tant du dommage fait à la surface que de la valeur des matières extraites, tandis qu'au contraire, la loi du 16 septembre 1807 (art. 55) n'admet pour base de cette indemnité que le dommage fait à la surface, sans tenir aucun compte de la valeur des matériaux extraits. Aussi voyons-nous le conseil d'État, s'appuyant sur les termes mêmes de cette loi, décider que si une première fouille a été faite, pour laquelle le dommage causé à la surface aurait été payé, une seconde fouille pourrait être faite par un autre entrepreneur sans indemnité.

Les rédacteurs de la loi ont sans doute considéré, ainsi que le pense M. Batbie, que l'extraction des matériaux, loin d'enlever une valeur réelle au propriétaire, lui rendait un vrai service, parce qu'elle débarrassait la terre de pierres, cailloux et autres substances nuisibles à l'agriculture. Mais cette présomption, ajoute le même auteur, pourrait cependant n'être pas fondée, et alors la disposition serait injuste à raison même de son inflexibilité.

Tel est aussi notre sentiment, et nous comprenons toute l'importance des considérations du savant professeur, qui s'exprime ainsi : « Il peut se faire que le propriétaire destine ces matériaux à un emploi; qu'il se propose de faire sabler les allées d'un jardin; qu'il ait besoin de paver sa cour et, dans certains pays où le caillou est employé à défaut de pierre, de bâtir une maison. Est-il juste de lui enlever ces matériaux sans indemnité, alors qu'on l'oblige à s'en procurer d'autres peut-être à un prix élevé? Admettons qu'il ne soit pas obligé de payer les matériaux, il n'en aura pas moins à supporter des frais de transport pour aller chercher au loin ce qu'il avait près. Il aurait été plus équitable, au lieu d'enfermer le conseil de préfecture dans un texte inflexible, de lui laisser un pouvoir d'appréciation qui permît d'approprier l'indemnité au préjudice, suivant les circonstances de chaque affaire. » (Batbie, *Précis de droit administratif,* p. 498.)

Toutefois, si en principe l'indemnité due au propriétaire dont le terrain a été grevé de la servitude d'extraction de matériaux ne doit être que la réparation du préjudice causé à la surface, il est cependant un cas où l'on doit tenir compte de la valeur des matières extraites, c'est quand elles sont prises dans une carrière en exploitation.

Cette dérogation à la rigueur du principe résulte de l'art. 55 de la loi du 16 septembre 1807, et il est complétement inutile d'en faire ressortir la justesse et la nécessité.

Néanmoins, pour qu'elle puisse être invoquée avec succès, il faut que l'exploitation ait commencé avant l'extraction, mais aucune disposition n'exige que l'exploitation soit régulière, et alors même qu'il y aurait interruption des travaux, l'indemnité devrait comprendre la valeur des matériaux extraits. Il résulte d'un arrêt du conseil d'État, rendu le 8 mai 1866, que la valeur des matériaux serait encore due si l'entrepreneur ouvrait les travaux d'extraction à quelques mètres d'une carrière en exploitation, sur un terrain appartenant au propriétaire de la carrière et dans un gisement qui serait le prolongement du banc exploité.

Cette discussion sur les bases de l'indemnité nous amène tout naturellement à traiter la question de savoir, quand la carrière est affermée, à qui, du propriétaire ou du fermier, cette indemnité doit être payée. Comme les matériaux pris dans la carrière appartiennent au fermier, il semble que c'est à lui qu'il faudrait l'attribuer. Cependant on reconnaît généralement que la servitude grevant le propriétaire, c'est à lui qu'appartient l'indemnité et que le fermier a seulement la faculté de recourir contre son bailleur, pour diminution de la jouissance. Cette décision, conforme à la jurisprudence et aux principes spéciaux de la matière, a l'immense désavantage d'entraîner un circuit d'actions et d'empêcher le fermier de recevoir une prompte et équitable réparation du préjudice qu'il doit supporter.

Cette servitude d'extraction de matériaux constitue une grave dérogation au droit de propriété en vertu duquel toute personne peut disposer, quand et comme elle le veut, de sa propre chose. Concluons-en que l'administration

6

ne saurait, sans violer la propriété privée, s'emparer, pour l'exécution des travaux publics, de matériaux approvisionnés par un propriétaire pour un usage déterminé.

D'ailleurs, l'arrêt de 1755 n'accorde que le droit d'extraire des matériaux, et l'on ne pourrait pas s'en autoriser pour reconnaître à l'administration le droit de saisir des matériaux rassemblés.

Que si, conformément à l'art. 17 de la loi du 21 mai 1836, la servitude d'extraction est exercée pour la construction et l'entretien des chemins vicinaux, l'indemnité est fixée, suivant la règle générale, par les conseils de préfecture, après expertise. L'un des experts est alors nommé par le propriétaire, l'autre par le sous-préfet, et, en cas de discord, le tiers-expert est désigné par le conseil de préfecture.

Ajoutons que l'action tendant à faire fixer l'indemnité ne dure que deux ans (art. 18 de la même loi); mais l'indemnité une fois fixée, l'action en paiement, d'après le droit commun, ne s'éteint qu'après trente ans.

Nous en aurions fini avec la servitude d'extraction de matériaux, si nous ne sentions le besoin, avant d'abandonner cette matière, d'exposer notre sentiment sur cette partie de notre législation Or, nous trouvons que les garanties données aux propriétaires sont loin d'être suffisantes. La durée de l'occupation temporaire devrait être fixée à une limite de temps au-delà de laquelle le maître de la chose en reprendrait la jouissance. Nous ne verrions plus alors tant de projets abandonnés, tant d'entreprises privées indéfiniment ajournées. De plus, l'indemnité accordée au propriétaire n'est presque jamais proportionnée au préjudice qu'il doit supporter.

Aussi, tout en maintenant la nécessité de cette servitude, faisons-nous des vœux pour que la réglementation en soit profondément modifiée, et nous croyons que le législateur, débarrassé des préoccupations politiques, ne saurait mieux faire que de réviser une législation aussi pratique, mais hélas ! si incomplète.

QUESTIONS CONTROVERSÉES.

DROIT ROMAIN.

I. — L'*arbitrium* était-il facultatif pour le défendeur ou pouvait-il être exécuté *manu militari?* — En principe, la *manus militaris* pouvait être employée.

II. — Comment expliquer le *sane in uno casu (Institutes de Justinien,* lib. IV, tit, VI, § 2 *in fine)?*

DROIT CIVIL.

I. — Les enfants naturels nés soit d'un oncle et de sa nièce, soit d'un neveu et de sa tante, soit d'un beau-frère et de sa belle-sœur, sont-ils légitimés par le mariage subséquent de leurs père et mère, lorsque les dispenses ont été obtenues? — Non.

II. — La détermination du fonds assujetti et des conditions du passage résulte-t-elle de l'exercice trentenaire du droit de passage par le propriétaire enclavé, même quand il s'agit d'un immeuble dotal qui n'offrait pas le trajet le plus court? — Oui.

III. — Quelle est la situation de l'héritier qui est resté pendant trente ans sans prendre parti? — Il est héritier pur et simple.

IV. — Le débiteur qui n'a pas de biens présents peut-il hypothéquer ses biens à venir? — Non.

V. — Le bail enregistré étant opposable aux tiers et ne prenant fin ni par la mort du bailleur ni par celle du preneur, en faut-il conclure qu'il confère à ce dernier un droit réel en même temps qu'un droit personnel? — Non.

PROCÉDURE.

I. — Le juge français doit-il réviser le jugement étranger pour le déclarer exécutoire, aux termes de l'art. 2123 (Code civ.) et de l'art. 546

(Code de procéd.), ou doit-il se contenter d'examiner si le jugement n'est pas contraire aux lois et aux bonnes mœurs, sans qu'il ait mission de juger la cause de nouveau? — Il doit prendre ce dernier parti.

Résulte-t-il de l'art. 823 du Code civil que l'action en partage, ainsi que tous les incidents qui peuvent s'y élever, doivent être considérés comme matières sommaires. — Non.

DROIT ADMINISTRATIF.

Les biens compris dans le domaine public conservent leur caractère tant qu'un acte administratif émané de l'autorité compétente ne les en a pas fait sortir. Le fait que ces choses ne seraient plus affectées à un service public ne suffit donc pas pour les rendre prescriptibles.

DROIT COMMERCIAL.

Quelles sont envers le porteur les obligations de celui qui, n'ayant en sa faveur qu'un endossement irrégulier, a, en vertu de cet endossement, transporté la propriété de la lettre de change à un tiers au moyen d'un endossement régulier? — Il sera garant du paiement de la lettre.

L. DES COGNETS.

Vu pour l'impression :

Le Doyen,

Ed. BODIN.

Typ. Oberthur et fils, à Rennes, imprimeurs de l'Académie.